Aprende a Programar

con

Ajax

Ángel Arias

ISBN: 978-1499168945

TABLA DE CONTENIDOS

NOTAS DEL AUTOR

Esta publicación está destinada a proporcionar el material útil e informativo. Esta publicación no tiene la intención de conseguir que usted sea un maestro de las bases de datos, sino que consiga obtener un amplio conocimiento general de las bases de datos para que cuando tenga que tratar con estas, usted ya pueda conocer los conceptos y el funcionamiento de las mismas. No me hago responsable de los daños que puedan ocasionar el mal uso del código fuente y de la información que se muestra en este libro, siendo el único objetivo de este, la información y el estudio de las bases de datos en el ámbito informático. Antes de realizar ninguna prueba en un entorno real o de producción, realice las pertinentes pruebas en un entorno Beta o de prueba.

El autor y editor niegan específicamente toda responsabilidad por cualquier responsabilidad, pérdida, o riesgo, personal o de otra manera, en que se incurre como consecuencia, directa o indirectamente, del uso o aplicación de cualesquiera contenidos de este libro.

Todas y todos los nombres de productos mencionados en este libro son marcas comerciales de sus respectivos propietarios. Ninguno de estos propietarios ha patrocinado el presente libro.

Procure leer siempre toda la documentación proporcionada por los fabricantes de software usar sus propios códigos fuente. El autor y el editor no se hacen responsables de las reclamaciones realizadas por los fabricantes.

INTRODUCCIÓN A AJAX

Antes de continuar deberá tener una comprensión básica de lo siguiente:

- HTML / XHTML
- JavaScript

AJAX = Asynchronous JavaScript and XML

AJAX no es un lenguaje de programación nuevo, sino una técnica para desarrollar software mejor y más rápidamente, y una aplicación más interactiva de las aplicaciones web.

Con AJAX, su Javascript puede comunicarse directamente con el usuario, usando el objeto de **XMLHttpRequest** del Javascript. Con este objeto, Javascript puede negociar datos con un servidor web, sin necesidad de recargar la página.

AJAX usa la transferencia de datos asíncrona (peticiones del HTTP) entre el navegador y el servidor web, permitiendo que las páginas webs envíen pedazos de pequeñas informaciones del usuario en vez de enviar las páginas enteras.

La técnica de AJAX hace que aplicaciones de Internet sean más pequeñas, más rápidas y más userfriendly (amigables para el usuario).

AJAX es independiente de la tecnología del navegador del software del servidor web.

AJAX está basado en estándares Web Standards

AJAX está basado en los siguientes estándares de la web Standards:

- JavaScript
- XML
- HTML
- CSS

Los estándares de la web Standards usados en AJAX están bien definidos, y son soportados por todos los principales navegadores. Las aplicaciones AJAX son independientes de los navegadores y de la plataforma en la que se ejecutan.

AJAX se usa en las mejores aplicaciones de Internet

Las aplicaciones Web tienen muchos beneficios sobre las aplicaciones desktop; pueden alcanzar una mayor audiencia, son más fáciles de instalar y de mantener, y son más fáciles de desarrollar.

Sin embargo, las aplicaciones de Internet no son siempre tan "ricas" y user-friendly como las aplicaciones desktop tradicionales.

Con AJAX, las aplicaciones de Internet pueden ser desarrolladas con más funcionalidades y más user-friendly.

AJAX HTTP REQUESTS

AJAX usa peticiones del HTTP

En la codificación tradicional en Javascript, cuando comienza querrá comenzar con alguna información de una base de datos o con algún archivo del usuario, o enviar información del usuario a otro usuario, también querrá crear un formulario HTML y enviar o recibir los datos del usuario. El usuario tendrá que enviar "Submit" con el botón para enviar el formulario, esperando que la información sea enviada correctamente, después se cargará una página nueva con el resultado del envío (enviado o error de envío, normalmente).

El usuario se dirige a una página nueva cada vez que este envía información (ya sea un formulario, un comentario, etc...), por ello, las aplicaciones web tradicionales pueden funcionar más lento de lo normal cuando recibe mucha información de los usuarios y tienden a ser más menos user-friendly.

Con AJAX, Javascript se comunica directamente con el usuario a través del objeto de **XMLHttpRequest** de JavaScript.

Con las peticiones del HTTP, una página web puede hacer una petición, y recibir una respuesta de un servidor Web, sin necesidad de recargar la página. El usuario permanecerá en la misma página, y no apreciará como trabajan los scripts que reciben y que envían los datos a un servidor Web, ya que esto se realiza en segundo plano.

Su primera aplicación en AJAX

Para comprender como funciona AJAX, crearemos una pequeña aplicación en AJAX.

De entrada, crearemos un formulario estándar en HTML con los dos campos del texto: usuario y equipo. El campo usuario será rellenado por el usuario y el campo equipo será rellenado automáticamente usando AJAX.

El archivo de HTML se llamará "testAjax.htm", y será como podemos ver a continuación:

```html
<html>

<body>

<form name="myForm">

Nombre: <input type="text" name="usuario" />

Equipo: <input type="text" name="equipo" />

</form>

</body>

</html>
```

SOPORTE DE LOS NAVEGADORES

La clave de AJAX está el objeto de **XMLHttpRequest**.

Los diferentes navegadores usan métodos diferentes para crear el objeto de **XMLHttpRequest**. Por ejemplo, Internet Explorer usa un ActiveXObject, mientras que otros navegadores usan el objeto interno de Javascript llamado **XMLHttpRequest**.

Para crear este objeto, y para tratar con los diferentes navegadores, tenemos que usar una sentencia "try... catch". Para ello vamos a actualizar nuestro archivo "testAjax.htm" con el Javascript que crea objeto de **XMLHttpRequest**:

```
<html>

<body>

<script type="text/javascript">

function ajaxFunction() {

var xmlHttp;

try

        {   // Firefox, Opera 8.0+, Safari

xmlHttp=new XMLHttpRequest();

}

    catch (y ) {   // Internet Explorer try
```

```
{    xmlHttp=new ActiveXObject("Msxml2.XMLHTTP"); }

  catch (y ) {

try

{

xmlHttp=new ActiveXObject("Microsoft.XMLHTTP");

}

   catch (y ) {

alert("Su navegador no soporta AJAX!");

  return false;

} } }

 }

</script>

<form name="myForm">

Nombre: <input type="text" name="usuario" />

Equipo: <input type="text" name="equipo" />
```

```
</form>

</body>

</html>
```

Explicación del ejemplo:

Crear una entrada con la variable **xmlHttp** para llamar al objeto de XMLHttpRequest.

Intente crear el objeto con **xmlHttp=new XMLHttpRequest()**. Este se crea para los navegadores Firefox, Ópera, y Safari. Si esto falla, intentamos **xmlHttp=new ActiveXObject("Msxml2.XMLHTTP")** el cual se crea para el Internet Explorer 6.0+, si este también falla, intentamos **xmlHttp=new ActiveXObject("Microsoft.XMLHTTP")** el cual se crea para el Internet Explorer 5.5+.

Si ninguno de los tres métodos está soportado, es decir, si todos fallan, el usuario tiene un navegador muy antiguo, y verá una alerta indicando que el navegador no soporta AJAX.

El código navegador-especifico del ejemplo anterior le durará durante mucho tiempo y está completamente entero. Sin embargo, este es el código de comienzo que se usa cada vez que necesitamos crear un objeto de **XMLHttpRequest**, con lo cual necesitará copiarlo y pegarlo cada vez que necesite crear un objeto **XMLHttpRequest**. El código del ejemplo anterior es compatible con todos los navegadores populares: Internet Explorer, Ópera, Firefox, y Safari.

Para aprender un poco sobre AJAX tenemos que hablar sobre Javascript y el famoso objeto **XMLHttpRequest.**

El objeto **XMLHttpRequest** permite a los desarrolladores recibir y enviar información al servidor sin que el usuario note la diferencia. Fue creado por Microsoft y era uno de los componentes ActiveX, pero aún así casi todos los navegadores de hoy en día tienen la capacidad de usar el **XMLHttpRequest.**

Antes de enviar datos del usuario, tenemos que explicarle tres propiedades importantes del objeto de **XMLHttpRequest.**

La propiedad <u>onreadystatechange</u>

Después de enviar una petición del usuario, necesitamos una función que pueda recibir los datos que son devueltos para el usuario.

La propiedad **onreadystatechange** almacena la función que procesará la respuesta de un usuario. El código siguiente define una función vacía y ajusta la propiedad **onreadystatechange** a la vez:

xmlHttp.onreadystatechange=function()

{ // escribir aquí algún código

}

La propiedad <u>readyState</u>

La propiedad **readyState** contiene el status de la respuesta del usuario. Cada vez que el **readyState** cambia, la función **onreadystatechange** se ejecuta.

Los posibles valores de la propiedad del **readyState** son:

Estado	Descrición
0	Las peticiones no se han inicializado
1	La petición se está procesando
2	La petición se ha enviado
3	La petición está en proceso
4	La petición se ha completado

id	Nombre	Apellidos	Actual	Ciudad	Profesion
1	Peter	Griffin	41	Quahog	Brewery
2	Lois	Griffin	40	Newport	Piano Teacher
3	Joseph	Swanson	39	Quahog	Police Officer
4	Glenn	Quagmire	41	Quahog	Pilot

id	Nombre	Apellidos	Actual	Ciudad	Profesion
1	Peter	Griffin	41	Quahog	Brewery
2	Lois	Griffin	40	Newport	Piano Teacher
3	Joseph	Swanson	39	Quahog	Police Officer
4	Glenn	Quagmire	41	Quahog	Pilot

xmlHttp.onreadystatechange=function()

{ if(xmlHttp.readyState==4)

{ // recibe los datos de la respuesta del usuario}

}

La propiedad responseText

Los datos enviados por el usuario pueden ser recuperados con la propiedad **responseText**.

En este código, ajustaremos el valor de nuestro campo de entrada del "equipo (tiempo)" igual al **responseText**:

xmlHttp.onreadystatechange=function() {

if(xmlHttp.readyState==4) {

```
document.myForm.equipo.value=xmlHttp.responseText;
```

```
} }
```

Para poder usar el **XMLHttpRequest** tenemos que crear una función en Javascript, que llamaremos siempre que necesitemos enviar o recibir información al servidor.

Veamos un ejemplo:

```
var xmlHttp

function GetXmlHttpObject(handler)

{

var objXmlHttp=null

if (navigator.usuarioAgent.indexOf("Mozilla")>=0)

{

alert("Este ejemplo no funciona en Firefox")

return;

}

if (navigator.usuarioAgent.indexOf("MSIE")>=0)
```

```
{

var strName="Msxml2.XMLHTTP"

if (navigator.appVersion.indexOf("MSIE 5.5")>=0)

{

strName="Microsoft.XMLHTTP"

}

try

{

objXmlHttp=new ActiveXObject(strName)

objXmlHttp.onreadystatechange=handler

return objXmlHttp

}

catch(y)

{

alert("ActiveX no está activado")
```

```
return

    }

}

if (navigator.usuarioAgent.indexOf("Chrome")>=0)

{

    objXmlHttp=new XMLHttpRequest()

    objXmlHttp.onload=handler

    objXmlHttp.onerror=handler

    return objXmlHttp

}

}
```

Esta función va a crear nuestro objeto, veamos que operaciones ha realizado:

- Primero comprobamos si el navegador del usuario es Mozilla, si fuera así estaríamos bloqueados (de momento).

- Después comprobamos si el navegador es de Microsoft, si fuera superior de la versión 5.5 del Internet Explorer usamos el Msxml2, la versión más reciente, sino usamos el antiguo.

Por último comprobamos si el navegador es Google Chrome.

Ahora faltan dos funciones importantes, la primera la función que envía nuestro pedido al servidor y la segunda la función que recibe la información del servidor. Vamos comenzar con la primera.

```
function enviarAlgoAUnScript(strTomaresto)

{

var url="voyarecibirlainformacion.asp?InformaccionParaElScript="+strTomaresto

xmlHttp=GetXmlHttpObject(yaTenemosRespuesta)

xmlHttp.open("GET", url , true)

xmlHttp.send(null)

}
```

Para tal creamos la función enviarAlgoAUnScript y enviamos una variable con el parametro strTomaresto.

La variable url, es el script que queremos que reciba la variable. Después llamamos a nuestra función que abre la conexión, y también decimos cual es la otra función que va a lidiar con la respuesta del servidor. La función que va lidiar con la respuesta del servidor es: yaTenemosRespusta.

```
function yaTenemosRespuesta()

{

if (xmlHttp.readyState==4 || xmlHttp.readyState=="complete")

{

document.getElementById("dizaiavariavel").innerHTML=xmlHttp.re
sponseText

}

}
```

Esta función es la que lidia con la respuesta del servidor, básicamente cuando el servidor enviar la respuesta, esta será presentada en un div con el ID decirlavariable.

Esto hasta puede parecer un poco confuso, pero si ya está acostumbrado a trabajar con PHP o ASP, imagine AJAX como el PHP/ASP cuando usan una base de datos.

Para abrir una conexión con la base de datos:

- Abrir y presentar los resultados de la base de datos a través del recordset;
- Cerrar la conexión y destruir el recordset.

En AJAX:

- Enviar y abrir la conexión con el servidor;
- Esperar por la respuesta;
- Presentar los resultados.

Por ejemplo, imagine que tiene una caja de input y que al escribir lo que sea, que cambie el focus del ratón hacia fuera de la caja sin necesidad de recargar la página. Esto es el inicio, pero va podemos ver la diferencia de lo que AJAX es capaz de hacer y las ventajas que trae consigo.

AJAX y PHP: Aprendiendo la base

A continuación presentaremos al Lector la tecnología AJAX, resolviendo algunas confusiones sobre lo que realmente es, y como y donde debe ser usada.

A continuación veremos un ejemplo de como implementar una solución AJAX sin necesidad de Frameworks. AJAX le permite ejecutar tareas simples y avanzadas de forma amigable, simple y ágil.

1. AJAX: Que es AJAX

El camino para el aprendizaje de AJAX es muy largo, pero aún así tiene diversos atajos que pueden agilizar en el desarrollo, sin embargo le puede acabar "saliendo el tiro por la culata" más tarde, sino tiene el conocimiento adecuado. El primer paso y también el punto de mayor confusión, es la vieja consulta, "¿Qué es AJAX?". Algunos le dijeron que es un detergente, otros le dijeron que es un nuevo lenguaje de programación, yo les digo que se trata de una nueva forma de ver algo más antiguo.

El AJAX es un conjunto de técnicas nuevas, que envuelven diversas tecnología antiguas, de entre estas: Javascript, XML, Document Object Model (DOM). De entre estas tecnologías el único elemento nuevo es el **XMLHttpRequest**, y aún así no es tan nuevo como parece.

El **XMLHttpRequest** surge por primera vez en 2000, creado por Microsoft para ser usado en el Outlook Web Access. En 2002 Mozilla incorpora el objeto en sus navegadores y fue en 2006 fue lanzado el primero draft en la W3C. Este es el punto de inicio del gran hype de la "Web 2.0" y es cuando AJAX comenzará a ser ampliamente utilizado.

Conceptualmente, AJAX significa "Asynchronous JavaScript and XML" o Javascript Asíncrono y XML, pero en la práctica también es posible utilizar objetos con notación JSON (JavaScript Object Notation), al revés de XML. Más adelante veremos las ventajas y desventajas de esto. El gran concepto de AJAX es permitir que el cliente se comunique con el servidor a través de este request, que es realizado en segundo plano, sin recargar la página, uniendo de manera efectiva y eficiente la tecnología client-side con la tecnología server-side y potencializando la comunicación.

Aunque sea algo muy legal, el AJAX no debe ser usado en cualquier lugar, ya que, en vez de ayudar, puede hacer truncar la experiencia del usuario, evite usar AJAX, por ejemplo, como forma de navegación principal.

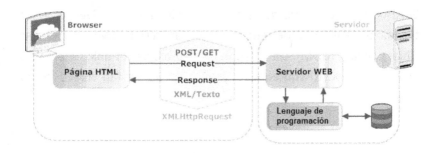

Figura 1 – Flujo de una petición AJAX

APRENDIENDO AJAX

Como vimos anteriormente, el camino para aprender AJAX tiene diversos atajos y, en el momento en el que decide aprender AJAX, es necesario evaluar qué camino tomar. Existen dos caminos principales para trabajar, aprender AJAX con frameworks o sin frameworks. Cada uno tiene su ventaja como, por ejemplo, con frameworks la productividad aumenta, sin embargo sin haber trabajado el camino "primitivo" dar soporte a scripts que contienen errores puede hacerse una tarea extraordinariamente difícil. Yo, personalmente, defiendo que se debe aprender por el camino difícil para después vivir en el camino fácil, por ello abordaremos las dos formas de usar y aprender AJAX, comenzando por el AJAX puro, o sea, primitivo, y dejando el segundo ejemplo para una futura contribución.

AJAX PRIMITIVO

Implementar funciones de AJAX manualmente es una tarea difícil, al contrario de lo que muchos piensan, sin embargo es importante, ante todo, entender como funciona el objeto **XMLHttpRequest**.

El Request simula el funcionamiento del navegador. En este último, cuando se clica en un link, se hecha una petición para determinado archivo y el resultado de esta petición es presentado en la pantalla del navegador. En AJAX, esa petición se hace de la misma forma, sin embargo el resultado no se carga en la ventana sino dentro del propio objeto request, eso causa el efecto de segundo plano que el AJAX presenta.

Para eso, el objeto posee algunos métodos y propiedades importantes. Primero, veamos las propiedades:

ReadyState: estado actual de la petición, indica si la pagina aún está siendo buscada o si el resultado ya llegó, puede poseer estos estados:

- 0 = uninitialized (no inicializado)
- 1 = loading (cargando)
- 2 = loaded (cargado)
- 3 = interactive (interactuando)
- 4 = complete (completo)

ResponseText: Resultado de la petición en formato de texto común, usado también para JSON

ResponseXML: Resultado en formato XML

Status: Códigos de error o éxito como: 200,404,403...

StatusText: Códigos de error, pero de forma textual (Not found...)

Onreadystatechange: propiedad/evento, indica la función que será ejecutada cuando la petición cambiar su readyState

Para ejecutar su papel, el objeto cuenta también con algunos métodos:

Open("method","URL",async,"uname","pswd") estos métodos abren una nueva petición para una URL determinada con el método escogido (GET o POST). Esta petición puede ser síncrona o asíncrona, determinando si el código continúa siendo ejecutado independiente de la respuesta o si la respuesta está esperando para continuar el procesamiento.

Send(content) este método inicia la comunicación con la URL y recibe sólo el parámetro (opcional) del contenido que debe enviar. Este contenido está en formato de URL, o sea, var=valor&var2=valor2.

Abort() este método es simple y puede ser muy importante, ya que finaliza una petición que aún no ha devuelto ninguna respuesta del servidor, y es útil en casos donde las nuevas peticiones pueden ocurrir descartando las anteriores sin respuestas, como en campos de auto-complete.

SetRequestHeader("label", "value") este método es importante cuando utilizamos el método POST, permitiendo establecer el contenido de la petición para "multipart/form-data", por ejemplo. Un fallo en este punto puede derrumbar toda la petición.

GetResponseHeader("headername") y getAllResponseHeaders() estos métodos sólo son útiles con comprobaciones de seguridad que permiten, por ejemplo, verificar si el contenido de la respuesta realmente está en JSON o en XML.

Para entender como usar este objeto y como debemos manipular sus métodos y propiedades, a continuación, definiremos un ejemplo simple de una aplicación que puede utilizar AJAX, y que verá paso a paso como se hace su implementación.

DESARROLLANDO UNA APLICACIÓN CON AJAX

El sistema propuesto es muy simple, justamente para facilitar la comprensión sobre AJAX y no se enfocará en otros aspectos. A grosso modo, el sistema debe poseer una región donde presenta los mensajes, el muro de publicación, y un campo que permita que alguien teclee algo, insertando esto en el muro sin tener que recargar la página como un todo.

MODELADO

El primer paso de un sistema debe ser siempre el modelado, utilizando UML u otras formas de modelado, sin embargo, como esta no es nuestro objetivo, haré sólo un modelado simple para la comprensión del sistema. El sistema contará con dos funcionalidades, adición y visualización de imágenes. Por lo tanto la figura de abajo presenta el flujo de los datos y los eventos del momento en el que el usuario envía su mensaje hasta que aparezca en el muro, por motivos de simplicidad, al recargar la página, los mensajes no son recargados en el muro.

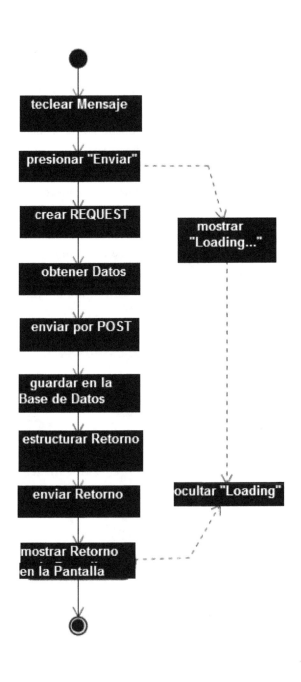

Figura 2 – Flujo del ejemplo

Separa el sistema en tres módulos: javascript, HTML y PHP, para poder ver la interacción entre esos lenguajes. En el módulo de javascript, se realiza toda la operación de AJAX propiamente dicha, como se muestra en la figura arriba. Para eso, debemos crear 3 funciones: una para crear el request, una para enviar el mensaje y otra para recibir el retorno y para publicar en el muro.

En PHP necesitamos usar dos funciones: una que reciba los datos y los guarde en la base de datos y otra que formatee el retorno y envíe los datos devuelta para el javascript. En este caso, usaremos XML, pero también se puede usar JSON. La estructura del retorno en XML propuesto es el la siguiente:

<?xml version="1.0" encoding="iso-8859-1" ?>

<response>

<error>0/1</error>

<item id="1">Retorno en HTML del Texto</item>

</response>

En el HTML tendremos sólo un campo de input, un botón y un div que representa el muro. En la figura que vemos a continuación se muestra como las funciones interactúan entre sí, de forma simplificada. Separamos el sistema en 3 archivos, donde cada uno representa uno de los módulos arriba descritos.

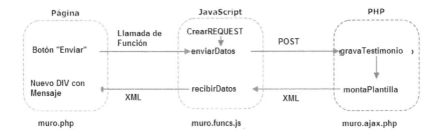

Figura 3 – Interacción de las funciones

La tabla donde se guardarán los datos puede ser creada con este código:

CREATE TABLE `muro` (

`id` int(3) NOT NULL auto_increment,

`msg` text character set latin1 collate latin1_general_ci,

PRIMARY KEY (`id`)

) ENGINE=InnoDB DEFAULT CHARSET=latin1;

MÓDULO JAVASCRIPT

La primera función que necesitamos es la función responsable de crear el request de **XMLHttpRequest**, pero ¿por qué hacer una función? Es sencillo, como el Internet Explorer implementa el objeto de forma diferente a otros navegadores, implementamos estos diferentes métodos en una función, con eso la instanciación del objeto se hace algo más simple y puntual, vea siguiente código:

```
function crearRequest(){

try {

request = new XMLHttpRequest();

} catch (Microsoft) {

try {

request = new ActiveXObject("Msxml2.XMLHTTP");

} catch (otroMicrosoft) {

try {

request = new ActiveXObject("Microsoft.XMLHTTP");

} catch (Fallo) {

request = false;

}

}

}
```

```
if (!request)

alert("Error inicializando XMLHttpRequest!");

else

return request;

}
```

Ahora debemos definir la función que va a enviar estos datos. Esta función debe llamar a la función anterior para obtener un request, y después iniciar su procesamiento. El próximo paso es buscar el texto del campo y montar la petición. Usaremos el método POST y, con eso, debemos definir el header de Content-Type, pasando el texto del campo con el nombre de variable "msg".

En este momento, también es importante que definamos la función que será ejecutada al final de la petición, usando el **onreadystatechange**. Para dar un efecto más en este momento, hacemos visible un DIV con el texto "Cargando..." para que el usuario pueda saber que algo está sucediendo en ese momento. Veamos el código siguiente:

function enviarDatos(){

//Nuevo Request

linkReq = crearRequest();

```
if(linkReq != undefined){

//Coger datos

var msgBox = document.getElementById('msgBox');

//Montar petición

linkReq.open("POST","muro.ajax.php",true);

linkReq.setRequestHeader('Content-Type', 'application/x-www-
form-urlencoded');

linkReq.onreadystatechange = recibirDatos;

var params = "msg="+msgBox.value;

//Cargar DIV de "cargando"

document.getElementById('loading').style.display = 'block';

//Enviar

linkReq.send(params);

//Vaciar formulario

msgBox.value = "";

}
```

```
}
```

Definimos la función recibirDatos como el retorno del request, pero este será llamado en cada modificación de estado. Por lo tanto, necesitamos verificar el nuevo estado para saber si el resultado final ya fue devuelto. Una vez confirmado el estado 4, podemos tratar el retorno.

Para eso, como definimos el retorno en XML, leeremos los datos de la variable responseXML, leyendo los campos a través de DOM e insertado este retorno en el DIV, dentro de una DIV propia del mensaje. Esta manipulación es hecha completamente a través del DOM con funciones que están disponibles desde el inicio de los navegadores. Vemos el código siguiente:

```
function recibirDatos(){

//Verificar por el estado "4" está listo

if (linkReq.readyState == '4'){

//Coger datos de la respuesta XML

var xmlRes = linkReq.responseXML;

//Verificar error

var error = xmlRes.getElementsByTagName('error');

if (error[0].firstChild.nodeValue == '1'){
```

```
alert("Error en el retorno"+error[0].firstChild.nodeValue);

}else{

//Coger mensaje

var msg = xmlRes.getElementsByTagName('item');

//Coger DIV destino

var targetDiv = document.getElementById('msgList');

//Montar Nuevo msg

var mDiv = document.createElement('div');

mDiv.id = "msg_"+msg[0].id;

mDiv.innerHTML = msg[0].firstChild.nodeValue;

//Añadir al destino

targetDiv.appendChild(mDiv);

//Eliminar loading

document.getElementById('loading').style.display = 'none';

}
```

```
}

}
```

MÓDULO PHP

Este módulo es sencillo y, en realidad, puede ser substituido por cualquier lenguaje server-side. Como una petición AJAX no es más que una petición normal hecha en segundo plano, nuestro archivo PHP trabaja como cualquier otro script, recibiendo datos, procesando y retornando, siendo la única diferencia que vamos a retornar XML y no HTML.

Al revés de crear dos funciones como hemos en el ejemplo anterior, vamos a implementar sólo un script de forma estructurada que ejecute las dos funciones anteriores. La primera parte debe recibir y guardar los datos en la base de datos, en este ejemplo utilizaremos una base de datos mysql y las funciones normales de mysql para no complicar mucho el aprendizaje. La segunda parte debe coger los mismos datos y convertirlos en una salida enXML, de acuerdo con el patrón que escogemos.

```php
<?php

//Conexión a la base de datos

$db = mysql_connect("host","usuario","contrasena");
```

```php
$db_selected = mysql_select_db('phpajax', $db);

//Simular proceso retardado para ver el "cargando". Descartar esto
en producción

sleep(3);

//Recibir datos

//Guardar en la base de datos

$sql = "INSERT INTO muro (msg) VALUES ('".$_POST['msg']."')";

$res = mysql_query($sql);

//XML de Retorno

$xmlDoc = new DOMDocument('1.0','iso-8859-1');

$response = $xmlDoc->createElement('response');

$response = $xmlDoc->appendChild($response);

//Elemento de error

$error = $xmlDoc->createElement('error',($res)? "0":"1");

$error = $response->appendChild($error);
```

```php
//Elemento item

$item = $xmlDoc->createElement('item',$_POST['msg']);

$item->setAttribute('id',mysql_insert_id());

$item = $response->appendChild($item);

header('Content-Type: application/xml');

echo $xmlDoc->saveXML();

?>
```

MÓDULO HTML

Como hemos visto anteriormente, este archivo simplemente tiene un DIV de cargando, un DIV que estará en el Muro y un campo de input con un botón, sin el uso de un formulario, ya que los datos son obtenidos directamente por la función enviarDatos.

```html
<script src="muro.funcs.js"></script>

<div id="form"><textarea id="msgBox" cols="15"
rows="4"></textarea>

<input onclick="enviarDatos();" type="button" value="Enviar"
/></div>

<div id="loading">Cargando...</div>
```

ENVIAR FORMULARIOS CON AJAX USANDO PHP

Como hemos visto, en el archivo procesar.php, el método de recibir se hace con GET, sin embargo AJAX envía a través de POST, por eso, al enviar, no aparecen los campos enviados en la barra de direcciones del navegador.

- **Archivo script.js**

```javascript
var navegador = navigator.userAgent.toLowerCase();

//Crea y atribuye la variable global 'navegador' el nombre y la
versión del navegador

//Crea una variable global llamada 'xmlhttp'

var xmlhttp;

//Función que inicia el objeto XMLHttpRequest

function objetoXML() {

    if (navegador.indexOf('msie') != -1) { //Internet Explorer

        var control = (navegador.indexOf('msie 5.5') != -1) ?
'Microsoft.XMLHTTP' : 'Msxml2.XMLHTTP';

//Operador ternario que añade el objeto patrón de su navegador (si
es el Internet Explorer). Es la variable 'control'
```

```
    try {

        xmlhttp = new ActiveXObject(control); //Inicia el objeto en el
Internet Explorer

        } catch (y) { }

    } else { //Firefox, Safari, Mozilla

        xmlhttp = new XMLHttpRequest(); //Inicia el objeto en el
Firefox, Safari, Mozilla

    }

}

//Función que envía el formulario

function enviarFormulario(url, campos, destino) {

    //Atribuye la variable 'elemento' al elemento que recibirá la
página postada

    var elemento = document.getElementById(destino);

    //Ejecuta la función objetoXML()

    objetoXML();

    //Si el objeto de 'xmlhttp' no es true
```

```
if (!xmlhttp) {

    //Inserta en el 'elemento' el texto atribuido

    elemento.innerHTML = 'No se puede iniciar el objeto
XMLHttpRequest.';

    return;

} else {

    //Inserta en el 'elemento' el texto atribuido

    elemento.innerHTML = 'Cargando...';

}

xmlhttp.onreadystatechange = function () {

    //Si la petición se ha completado

    if (xmlhttp.readyState == 4 || xmlhttp.readyState == 0) {

        //Si el status de la petición está OK

        if (xmlhttp.status == 200) {

            //Inserta en el 'elemento' la página postada

            elemento.innerHTML = xmlhttp.responseText;
```

```
        } else {

            //Inserta en el 'elemento' el texto atribuido

            elemento.innerHMTL = 'Página no encontrada!';

        }

    }

}

//Abre la página que recibirá los campos del formulario

xmlhttp.open('POST', url+'?'+campos, true);

//Envía el formulario con los datos de la variable 'campos'
(pasado por parámetro)

xmlhttp.send(campos);
```

- formulario.php

```
<html>

<head>

<title>Enviar formulario con AJAX</title>
```

```html
<!-- Carga el archivo 'script.js' al iniciar la página! //-->

<script language="javascript" src="script.js"
type="text/javascript"></script>

</head>

<body>

<table cellpadding="4" cellspacing="2" width="50%">

<form action="procesar.php" method="post"
onsubmit="establecerCampos(); enviarFormulario('procesar.php',
campos, 'mensaje'); return false;">

<tr><td>Nombre</td><td><input name="nombre" id="nombre"
type="text"></td></tr>

<tr><td>Email</td><td><input name="email" id="email"
type="text"></td></tr>

<tr><td></td><td><input type="submit"
value="Enviar"> <input type="reset"
value="Limpiar"></td></tr>

</form>

</table>

<div id="mensaje"/>
```

```
<script>

//Crea la función con los campos para enviar por parámetro

function establecerCampos() {

campos =
"nombre="+encodeURI(document.getElementById('nombre').value)
.

toUpperCase()+"&email="+encodeURI(document.getElementById('
email').value);

}

</script>

</body>

</htm>
```

- procesar.php

```php
<?php

//Determina el tipo de la codificación de la página

header("content-type: text/html; charset=iso-8859-1");
```

```php
//Extrae los datos del formulario

extract($_GET);

//Verifica si algún nombre fue tecleado

$nombre = ($nombre != "") es $nombre : "desconocido";

//Verifica si algún email fue tecleado

$email = ($email != "") es $email : "desconocido";

//Retorna la respuesta

echo "Hola <b>".$nombre."</b>, su email ?: <la
href='mailto:".$email."'><b>".$email."</b></a>";

?>
```

Ejemplos en Ajax

Solicitar un usuario

Enviando una petición del usuario

Para enviar una petición del usuario, usamos el método **open()** y el método **send()**.

El método **open()** hace una evaluación de tres argumentos. El primer argumento define que método debe usarse cuando se envía la petición (**GET** o POST). El segundo argumento especifica la URL del script server-side. El tercer argumento especifica que la petición debe ser asynchronously (asíncrona). El método **send()** envía la petición fuera del usuario. Si suponemos que la raíz del HTML y del ASP está en el mismo directorio, el código sería:

xmlHttp.open("GET","equipo.asp",true);

xmlHttp.send(null);

Ahora debemos decidir cuando se ejecutará la función AJAX. Haremos que la función se ejecute cuando se deja de pulsar las teclas cuando el usuario teclea algo en el campo del texto del usuario:

<form name="myForm">

Name: <input   type="text"   onkeyup="ajaxFunction();" name="usuario" />

Equipo: <input type="text" name="equipo" />

</form>

Nuestro código AJAX-ready updated de "testAjax.htm" mira ahora como está:

```
<html> <body> <script type="text/javascript"> function
ajaxFunction(){

  var xmlHttp;

  try {   // Firefox, Opera 8.0+, Safari

xmlHttp=new XMLHttpRequest();

  } catch (y)

{   // Internet Explorer   try {

        xmlHttp=new ActiveXObject("Msxml2.XMLHTTP");

}catch (y)

{

try {

xmlHttp=new ActiveXObject("Microsoft.XMLHTTP");
```

```
} catch (y)

{

alert("Su Navegador no soporta AJAX!");

      return false;

}

}

}

xmlHttp.onreadystatechange=function() {

  if(xmlHttp.readyState==4) {

  document.myForm.equipo.value=xmlHttp.responseText;

}}

  xmlHttp.open("GET","equipo.asp",true);

  xmlHttp.send(null);

}
</script>
```

```
<form name="myForm">

Name: <input type="text" onkeyup="ajaxFunction();"
name="usuario" />

Equipo: <input type="text" name="equipo" />

</form>

</body>

</html>
```

AJAX – EL SCRIPT SERVER-SIDE

Ahora creamos el script que indica el tiempo actual del usuario. La propiedad **responseText** almacena los datos retornados al usuario. Aquí enviamos el tiempo actual. El código "equipo.asp" será el siguiente:

```
<% response.expres=-1 response.write(equipo) %>
```

Expiran los sets de la propiedad antes de que el tiempo (en minutos) de una página cacheada (cached) en un navegador expire. Si un usuario vuelve a la misma página antes de que expire, se mostrará la versión cacheada. (**Response.Expres = -1)** indica que la página nunca será cacheada.

SUGERENCIA PARA HACER EN *AJAX*

En el ejemplo de AJAX siguiente veremos como una página Web puede comunicarse con un servidor web en línea mientras un usuario introduce datos en un formulario estándar HTML.

Ejemplo explicado - el formulario del HTML

El formulario tiene el siguiente código HTML:

<form>

Nombre: <input type="text" id="txt1" onkeyup="showHint(this.value)"> </form> <p>

Sugerencias: <span id="txtHint"></span></p>

Al comienzo del formulario HTML puede ver un campo de entrada llamado "txt1". Este contiene un atributo del evento para el campo de entrada que define una función que será llamada por el evento **onkeyup**.

Más abajo del formulario puede ver una extensión llamada "txtHint". Esta extensión es usada como un placeholder para los datos recuperados del servidor web.

Cuando se reciben los datos de las entradas del usuario, se llama a la función **"showHint()"** para que esta se ejecute. La ejecución de la función es provocada por el evento **"onkeyup"**. En otras palabras:

Cada vez que el usuario deja de pulsar las teclas del teclado dentro del campo de la entrada, la función **showHint** será llamada.

Ejemplo explicado - la función showHint()

La función **showHint()** es una función muy simple de Javascript que se coloca en la sección del <head> de la página HTML.

La función se realiza con el siguiente código:

```
function showHint(str) {

 if (str.length==0) {

 document.getElementById("txtHint").innerHTML="";

 return;

 }

xmlHttp=GetXmlHttpObject()

if (xmlHttp==null) {

    alert ("Su navegador no soporta AJAX!");

    return;

}
```

```
var url="gethint.asp";

url=url+"?q="+str;

url=url+"&sid="+Math.random();

xmlHttp.onreadystatechange=stateChanged;

xmlHttp.open("GET",url,true);

xmlHttp.send(null);

}
```

La función se ejecuta cada vez que se incorpora un carácter al campo de entrada.

Si tenemos una entrada en el campo del texto (str.length > 0) la función ejecuta lo siguiente:

- Define la URL (nombre del archivo) para enviar del usuario
- Añade un parámetro (q) a la URL con el índice del campo de entrada
- Añade un número aleatorio para impedir que el usuario use un archivo cacheado
- Crea un objeto XMLHTTP, y le pide al objeto que ejecutar una función llamada stateChanged cuando se provoque algún cambio. Este abre el objeto XMLHTTP con la URL con los datos.
- Envía una petición HTTP del usuario

- Si el campo de entrada está vacío, la función simplemente cancela el índice del placeholder del txtHint.

Ejemplo explicado - la función de GetXmlHttpObject()

El ejemplo anterior llama a una función llamada **GetXmlHttpObject()**.

La finalidad de la función es resolver el problema de crear objetos diferentes de xmlHttp para los diferentes navegadores.

La función la podemos ver a continuación:

```
function GetXmlHttpObject() {

var xmlHttp=null; try {   // Firefox, Opera 8.0+, Safari

xmlHttp=new XMLHttpRequest();

 } catch (y) {   // Internet Explorer

try {

    xmlHttp=new ActiveXObject("Msxml2.XMLHTTP");

} catch (y)

{

xmlHttp=new ActiveXObject("Microsoft.XMLHTTP");
```

```
} }

    return xmlHttp;

}
```

Ejemplo explicado - A función stateChanged()

La función **stateChanged()** tiene el siguiente código:

```
function stateChanged() {

if (xmlHttp.readyState==4) {

document.getElementById("txtHint").innerHTML=xmlHttp.response
Text;

} }
```

La función **stateChanged()** se ejecuta cada vez que cambia el estado del objeto de XMLHTTP.

Cuando el estado cambia a 4 ("completo"), el índice del placeholder del txtHint se rellena con el texto de la respuesta.

SUGERENCIA PARA HACER CON AJAX

El código fuente que veremos a continuación es el código del ejemplo de AJAX en la página precedente.

El HTML de la página de AJAX

Esta es la página HTML. Necesitará crear un formulario HTML simple y un enlace a un Javascript.

```html
<html>

<head>

<script src="clienthint.js"></script>

</head>

<body>

<form>

Nombre: <input type="text" id="txt1"
onkeyup="showHint(this.value)">

</form>

<p>Sugerencias: <span id="txtHint"></span></p>

</body>

</html>
```

El AJAX JavaScript

Este es el código del Javascript, almacenado en el archivo "clienthint.js":

```
var xmlHttp;

function showHint(str) {

    if (str.length==0) {

document.getElementById("txtHint").innerHTML="";

return;

    } xmlHttp=GetXmlHttpObject();

    if (xmlHttp==null) {

        alert ("Su navegador no soporta AJAX!");

        return;

}

var url="gethint.asp";

url=url+"?q="+str;
```

```
url=url+"&sid="+Math.random();

xmlHttp.onreadystatechange=stateChanged;

xmlHttp.open("GET",url,true);

xmlHttp.send(null);

}

function stateChanged() {

if (xmlHttp.readyState==4) {
document.getElementById("txtHint").innerHTML=xmlHttp.response
Text;

} }

function GetXmlHttpObject() {

var xmlHttp=null; try {   // Firefox, Opera 8.0+, Safari

xmlHttp=new XMLHttpRequest();

 } catch (y) {   // Internet Explorer

 try {

    xmlHttp=new ActiveXObject("Msxml2.XMLHTTP");
```

```
} catch (y) {

xmlHttp=new ActiveXObject("Microsoft.XMLHTTP");

} }

return xmlHttp;

}
```

LA PÁGINA DEL USUARIO DE AJAX CON ASP Y PHP

No hay ninguna cosa como un usuario de AJAX. Las páginas de AJAX pueden ser servidas a todos los usuarios de Internet.

La página de usuario es llamada por el JavaScript, en el ejemplo del capítulo anterior es un archivo en ASP llamado "gethint.asp".

A continuación veremos dos ejemplos del código, uno escrito en ASP y el segundo en una página de usuario en PHP.

Ejemplo de AJAX ASP

El código de la página de "gethint.asp" está escrito en VBScript para un usuario del Internet Information Service (IIS). Este es el encargado de realizar las verificaciones de la lista con los nombres y los códigos correspondientes al nombre del cliente:

```
<%

response.exp?res=-1

dim a(30)

'Fill up array with names

a(1)="Anna"

a(2)="Juana"

a(3)="María"

a(4)="Mercedes"

a(5)="Eva"

a(6)="Marta"

a(7)="Patricia"

a(8)="Helena"

a(9)="Susana"

a(10)="Mónica"

a(11)="Verónica"
```

a(12)="Sonia"

a(13)="Rocío"

a(14)="Rosana"

a(15)="Petunia"

a(16)="Amanda"

a(17)="Raquel"

a(18)="Carla"

a(19)="Doris"

a(20)="Arancha"

'coge el parámetro q de la URL

q=ucase(request.querystring("q"))

'busca todos los ítems del array if length of q>0

if len(q)>0 then

```
hint=""

for i=1 to 30

if q=ucase(mid(a(i),1,len(q))) then

if hint="" then

hint=a(i)

else

hint=hint & " , " & a(i)

end if

end if

next

end if

'Salida "no hay sugerencias" si no se encontró nada

'o Salida de los valores correctos

if hint="" then

response.write("no hay sugerencias")
```

```
else

response.write(hint)

end if

%>
```

Ejemplo de AJAX PHP

Ahora veremos el mismo código de acabamos de ver pero reescrito en PHP.

Nota: Para que este ejemplo pueda funcionar plenamente en PHP, recuerde cambiar el valor de la variable de la URL en "clienthint.js" de "gethint.asp" a "gethint.php"".

Ejemplo PHP

```php
<?php

header("Cache-Control: no-cache, must-revalidate");

// Date in the past

header("Expires: Mon, 26 Jul 1997 05:00:00 GMT");

// Fill up array with names
```

```
$a[]="Anna";

$a[]="Anna"

$a[]="Juana"

$a[]="María"

$a[]="Mercedes"

$a[]="Eva"

$a[]="Marta"

$a[]="Patricia"

$a[]="Helena"

$a[]="Susana"

$a[]="Mónica"

$a[]="Verónica"

$a[]="Sonia"

$a[]="Rocío"

$a[]="Rosana"
```

```php
$a[]="Petunia"

$a[]="Amanda"

$a[]="Raquel"

$a[]="Carla"

$a[]="Doris"

$a[]="Arancha"


//coge el parámetro q de la URL

$q=$_GET["q"];

//busca los ítems en el array if length of q>0

if (strlen($q) > 0)

{

$hint="";

for($i=0; $i<count($a); $i++)

{
```

```php
if (strtolower($q)==strtolower(substr($a[$i],0,strlen($q))))

{

if ($hint=="")

{

$hint=$a[$i];

}

else

{

$hint=$hint." , ".$a[$i];

}

}

}

}
```

// establece la salida "no hay sugerencias" si no encuentra el item

// o el valor correcto

```php
if ($hint == "")

{

$response="no hay sugerencias";

}

else

{

$response=$hint;

}
//output the response

echo $response;

?>
```

EJEMPLO DE AJAX CON BASES DE DATOS

AJAX puede ser usado para realizar una comunicación interactiva con una base de datos.

Ejemplo de la base de datos de AJAX

En el ejemplo de AJAX siguiente veremos como una página Web puede buscar información en una base de datos usando la tecnología de AJAX.

El ejemplo de AJAX

El ejemplo contiene un formulario HTML simple y un enlace a un Javascript:

<html>

<head>

<script src="selectcliente.js"></script>

</head>

<body>

<form>

Selecciona un Cliente: <select name="clientes" onchange="showCliente(this.value)">

<option value="MANUJI">Manuel Jimenez

<option value="NORTS ">Norte/Sur

<option value="VIGGA">Galicia Pontevedra </select>

```
</form>
```

```
<p> <div id="txtHint"><b> La información del cliente será listada
aquí.</b></div> </p>
```

```
</body>
```

```
</html>
```

Como puede ver tenemos un formulario HTML simple con una
pequeña caja de texto debajo "Cliente".

En el parágrafo siguiente al formulario podemos ver un "txtHint
llamado div". El div se usa como un placeholder para la información
recuperada del servidor web.

Cuando el usuario selecciona datos, la función llamada "showCliente
()" se ejecuta. La ejecución de la función es activada por el evento del
"onchange". En otras palabras: Cada vez que el usuario cambie el
valor en la pequeña caja de debajo, se llamará a la función
showCliente.

EL AJAX JAVASCRIPT

Este es el código Javascript almacenado en el archivo
"selectcliente.js":

```
var xmlHttp
```

```
function showCliente(str) { xmlHttp=GetXmlHttpObject();
```

```
if (xmlHttp==null)

{

  alert ("Su navegador no soporta AJAX!");

  return;

}

var url="getcliente.asp";

url=url+"?q="+str;

url=url+"&sid="+Math.random();

xmlHttp.onreadystatechange=stateChanged;

xmlHttp.open("GET",url,true);

xmlHttp.send(null);

}

function stateChanged() {

if (xmlHttp.readyState==4) {
document.getElementById("txtHint").innerHTML=xmlHttp.response
Text;
```

```
} }

function GetXmlHttpObject() {

var xmlHttp=null;

try { // Firefox, Opera 8.0+, Safari

xmlHttp=new XMLHttpRequest(); }

catch (y ) { // Internet Explorer

try {

xmlHttp=new ActiveXObject("Msxml2.XMLHTTP");

}

  catch (y ) {

xmlHttp=new ActiveXObject("Microsoft.XMLHTTP"); }

 }

return xmlHttp;

}
```

La página del usuario de AJAX

La página de usuario llamada por Javascript, está un archivo de ASP llamado "getcliente.asp".

La página está escrita en VBScript para un usuario del Information Internet Server (IIS). Podría ser reescrita fácilmente en PHP, o en otro lenguaje de usuario.

El código funciona enviando una consulta SQL a una base de datos y devolviendo el resultado como una tabla en HTML:

```
<%

response.expires=-1

sql="SELECT * FROM CLIENTES WHERE CLIENTEID="

sql=sql & "'" & request.querystring("q") & "'"

set conn=Server.CreateObject("ADODB.Connection")

conn.Provider="Microsoft.Jet.OLEDB.4.0"

conn.Open(Server.Mappath("/db/northwind.mdb"))

set rs = Server.CreateObject("ADODB.recordset")

rs.Open sql, conn
```

```
response.write("<table>")

do until rs.EOF

for each x in rs.Fields

response.write("<tr><td><b>" & x.name & "</b></td>")

response.write("<td>" & x.value & "</td></tr>")

next

rs.MoveNext

loop

response.write("</table>")

%>
```

EJEMPLO DE LA BASE DE DATOS DE PHP, AJAX Y MYSQL

AJAX se puede usar para una comunicación interactiva con una base de datos.

Ejemplo de base de datos de AJAX con PHP

En el ejemplo de AJAX siguiente veremos como una página web puede buscar información en una base de datos de MySQL usando la tecnología de AJAX.

Este ejemplo consiste en cuatro elementos:

- Base de datos MySQL
- Un formulario HTML simple
- Un Javascript
- Una página de PHP

LA BASE DE DATOS

La base de datos que usaremos en este ejemplo será como está:

Id	Nombre	Apellido	Edad	Ciudad	Profesión
1	Peter	Griffin	41	Quahog	Cervecero
2	Lois	Griffin	40	NewPort	Profesora
3	Joseph	Swanson	39	Quahog	Policía
4	Glenn	Quagmire	41	Quahog	Piloto

EL FORMULARIO DEL HTML

El ejemplo siguiente contiene un formulario HTML simple y un enlace a un Javascript:

<html>

<head>

```html
<script src="selectuser.js"></script>

</head>

<body>

<form> Seleccionar Usuario:

<select name="users" onchange="showUser(this.value)">

<option value="1">Peter Griffin</option>

<option value="2">Lois Griffin</option>

<option value="3">Glenn Quagmire</option>

<option value="4">Joseph Swanson</option> </select>

</form>

<p>

<div id="txtHint">

<b>La información del usuario se listará aquí.</b>

</div>

</p>
```

```
</body>

</html>
```

El formulario del HTML

Como se puede ver es sólo un simple formulario HTML con un menú desplegable de "usuarios llamados" con los nombres y la identificación de la base de datos como valores de la opción.

El párrafo que sigue al formulario contiene un "txtHint llamado div". Se utiliza el div como un marcador de posición para la información que recuperamos del servidor web.

Cuando el usuario selecciona los datos, se ejecuta una función llamada **"showUser()"**. La ejecución de la función es activada por el evento **"onchange"**.

En otras palabras: Cada vez que el usuario cambia el valor del campo select, se llamará a la función **ShowUser()**.

EL JAVASCRIPT

Este es el código del Javascript almacenado en el archivo "selectuser.js":

```
var xmlHttp

function showUser(str) {

xmlHttp=GetXmlHttpObject()

if (xmlHttp==null) {

alert ("El navegador no soporta HTTP Request")

return

}

var url="getuser.php"

url=url+"?q="+str

url=url+"&sid="+Math.random()

xmlHttp.onreadystatechange=stateChanged

xmlHttp.open("GET",url,true)

xmlHttp.send(null)

}

function stateChanged() {
```

```javascript
if (xmlHttp.readyState==4 || xmlHttp.readyState=="complete") {

document.getElementById("txtHint").innerHTML=xmlHttp.responseText

}

}

function GetXmlHttpObject() {

var xmlHttp=null;

try {

// Firefox, Opera 8.0+, Safari

xmlHttp=new XMLHttpRequest();

} catch (e) {

//Internet Explorer

try {

xmlHttp=new ActiveXObject("Msxml2.XMLHTTP");

} catch (e) {

xmlHttp=new ActiveXObject("Microsoft.XMLHTTP");
```

```
}

}

return xmlHttp;

}
```

Explicación del ejemplo

stateChanged() y las funciones de GetXmlHttpObject () son las mismas que en el AJAX de PHP sugerido en el capítulo anterior.

La función del showUser()

Si un artículo es seleccionado, la función ejecutará lo siguiente:

1. Invita a la función GetXmlHttpObject a crear un objeto de xmlHttp.
2. Define la URL (nombre del archivo) para enviar al usuario
3. Añade un parámetro (q) a la URL con el índice de la caja dropdown
4. Añade un número aleatorio para impedir que el usuario use un archivo cacheado
5. Llama a la función **stateChanged** cuando se produce un cambio
6. Abre el objeto xmlHttp con la URL dada.
7. Envía una petición HTTP al usuario

LA PÁGINA PHP

La página del usuario se llamará mediante el Javascript, que está en un archivo de PHP llamado "getuser.php".

La página está escrita en PHP y usa una base de datos de MySQL.

El código funciona con una consulta al MySQL enviada a una base de datos y retorna el resultado como una tabla del HTML:

```php
$q=$_GET["q"];

$con = mysql_connect('localhost', 'usuarioAdmin', 'Pass123');

if (!$con)

{

die('Could not connect: ' . mysql_error());

}

mysql_select_db("ajax_demo", $con);

$sql="SELECT * FROM user WHERE id = '".$q."'";

$result = mysql_query($sql);

echo "<table border='1'>
```

```php
<tr>

<th>Nombre</th>

<th>Apellidos</th>

<th>Edad</th>

<th>Vigo</th>

<th>Profesi&oacute;n</th>

</tr>";

while($row = mysql_fetch_array($result))

{

echo "<tr>";

echo "<td>" . $row['Nombre'] . "</td>";

echo "<td>" . $row['Apellidos'] . "</td>";

echo "<td>" . $row['Edad'] . "</td>";

echo "<td>" . $row['Vigo'] . "</td>";

echo "<td>" . $row['Profesion'] . "</td>";
```

```
echo "</tr>";

}

echo "</table>";

mysql_close($con);

?>
```

Explicación del Ejemplo

Cuando el Javascript envía la consulta, la página de PHP hace lo siguiente:

1. PHP abre una conexión a un usuario de MySQL
2. El "user" con el nombre especificado es encontrado
3. Se crea una tabla y los datos son introducidos y enviados al placeholder "txtHint"

EJEMPLO DE AJAX XML

AJAX se puede usar para una comunicación interactiva con un archivo de XML.

En el ejemplo de AJAX siguiente veremos como una página Web puede buscar la información de un archivo XML usando la tecnología AJAX.

Explicación del Ejemplo

El ejemplo un formulario HTML simple y un enlace a un Javascript:

```html
<html>

<head>

<script src="selectcd.js"></script>

</head>

<body>

<form>

Selecciona un CD:

<select name="cds" onchange="showCD(this.value)">

<option value="David Güetta">David Güetta</option>

<option value="Oscar Mulero">Oscar Mulero</option>

<option value="Led Zepelin">Led Zepelin</option>

</select>

</form>
```

```
<p>

<div id="txtHint"><b>La Información del CD será listada
aquí.</b></div>

</p>

</body>

</html>
```

Como se puede ver es sólo un simple formulario HTML con un
sencillo menú desplegable "Llamados CD".

El párrafo que sigue al formulario contiene un "txtHint llamado div".
Se utiliza el div como un marcador de posición para la información
recuperada desde el servidor web.

Cuando el usuario selecciona los datos, se ejecuta una función
llamada "showCD". La ejecución de la función es activada por el
evento "onchange". En otras palabras: Cada vez que el usuario
cambie el valor en el cuadro desplegable, se llamará a la función
showCD.

EL AJAX JAVASCRIPT

Este es el código del Javascript almacenado en el archivo
"selectcd.js":

```
var xmlHttp

function showCD(str)

{

xmlHttp=GetXmlHttpObject();

if (xmlHttp==null)

{

alert ("Tu navegador no soporta AJAX!");

return;

}

var url="getcd.asp";

url=url+"?q="+str;

url=url+"&sid="+Math.random();

xmlHttp.onreadystatechange=stateChanged;

xmlHttp.open("GET",url,true);

xmlHttp.send(null);
```

```
}

function stateChanged()

{

if (xmlHttp.readyState==4)

{

document.getElementById("txtHint").innerHTML=xmlHttp.response
Text;

}}

function GetXmlHttpObject()

{

var xmlHttp=null;

try

{

// Firefox, Opera 8.0+, Safari

xmlHttp=new XMLHttpRequest();

}
```

```
catch (e)

{

// Internet Explorer

try

{

xmlHttp=new ActiveXObject("Msxml2.XMLHTTP");

}

catch (e)

{

xmlHttp=new ActiveXObject("Microsoft.XMLHTTP");

}

}

return xmlHttp;

}
```

LA PÁGINA DEL USUARIO DE AJAX

La página del usuario se llamará mediante el Javascript, que está en un archivo de ASP llamado "getcd.asp".

La página está escrita en VBScript para un usuario de Information Internet Server (IIS). Podría ser reescrita fácilmente en PHP, o en otro lenguaje de usuario.

El código ejecuta una consulta en un archivo XML y devuelve el resultado como HTML:

```
<%

response.expires=-1

q=request.querystring("q")

set xmlDoc=Server.CreateObject("Microsoft.XMLDOM")

xmlDoc.async="false"

xmlDoc.load(Server.MapPath("cd_CATALOGOo.xml"))

set nodes=xmlDoc.selectNodes("CATALOGO/CD[ARTISTA='" & q & "']")

for each x in nodes

for each y in x.childnodes
```

```
response.write("<b>" & y.nodename & ":</b> ")

response.write(y.text)

response.write("<br />")

next

next

%>
```

Ejemplo de PHP y de AJAX XML

AJAX se puede usar para una comunicación interactiva con un archivo XML.

En el ejemplo de AJAX siguiente veremos como una página web puede buscar la información de un archivo XML usando la tecnología de AJAX.

Este ejemplo consiste en cuatro páginas:

- Un formulario HTML simple
- Una archivo XML
- Un JavaScript
- Una página en PHP

EL FORMULARIO HTML

El ejemplo anterior contiene un formulario HTML simple y un enlace a un Javascript:

```
<html>

<head>

<script src="selectcd.js"></script>

</head>

<body>

<form>

Selecciona CD:

<select name="cds" onchange="showCD(this.value)">

<option value="David Güetta">David Güetta</option>

<option value="Led Zepelin">Led Zepelin</option>

<option value="Massive Attack">Massive Attack</option>

</select>

</form>
```

```
<p>

<div id="txtHint"><b>La información del CD será listada aquí.</b></div>

</p>

</body>

</html>
```

Ejemplo explicado

Como puede ver es sólo un formulario HTML simple con un select simple "llamados CD".

El párrafo que sigue al formulario contiene un "txtHint llamado div". Se utiliza el div como un marcador de posición para la información recuperada desde el servidor web.

Cuando el usuario selecciona los datos, se ejecuta una función llamad "showCD". La ejecución de la función es activada por el evento "onchange".

En otras palabras: cada vez que el usuario cambia el valor del campo de selección, se llamará a la función showCD.

EL ARCHIVO XML

Este es el código del archivo XML que se llamará "cd_CATALOGO.xml".

```
<?xml version="1.0" encoding="ISO-8859-1" ?>

<!--

Edited with XML Spy v2007 (http://www.altova.com)

-->

CATALOGO>

CD>

TITULO>Empire Burlesque</TITULO>

ARTISTA>Bob Dylan</ARTISTA>

PAIS>USA</PAIS>

DISCOGRAFICA>Columbia</DISCOGRAFICA>

PRECIO>10.90</PRECIO>

ANIO>1985</ANIO>

</CD>
```

CD>

TITULO>Hide your heart</TITULO>

ARTISTA>Bonnie Tyler</ARTISTA>

PAIS>UK</PAIS>

DISCOGRAFICA>CBS Records</DISCOGRAFICA>

PRECIO>9.90</PRECIO>

ANIO>1988</ANIO>

</CD>

CD>

TITULO>Greatest Hits</TITULO>

ARTISTA>Dolly Parton</ARTISTA>

PAIS>USA</PAIS>

DISCOGRAFICA>RCA</DISCOGRAFICA>

PRECIO>9.90</PRECIO>

ANIO>1982</ANIO>

```
</CD>

CD>

TITULO>Still got the blues</TITULO>

ARTISTA>Gary Moore</ARTISTA>

PAIS>UK</PAIS>

DISCOGRAFICA>Virgin records</DISCOGRAFICA>

PRECIO>10.20</PRECIO>

ANIO>1990</ANIO>

</CD>

CD>

TITULO>Eros</TITULO>

ARTISTA>Eros Ramazzotti</ARTISTA>

PAIS>EU</PAIS>

DISCOGRAFICA>BMG</DISCOGRAFICA>

PRECIO>9.90</PRECIO>
```

ANIO>1997</ANIO>

</CD>

CD>

TITULO>One night only</TITULO>

ARTISTA>Bee Gees</ARTISTA>

PAIS>UK</PAIS>

DISCOGRAFICA>Polydor</DISCOGRAFICA>

PRECIO>10.90</PRECIO>

ANIO>1998</ANIO>

</CD>

CD>

TITULO>Sylvias Mother</TITULO>

ARTISTA>Dr.Hook</ARTISTA>

PAIS>UK</PAIS>

DISCOGRAFICA>CBS</DISCOGRAFICA>

PRECIO>8.10</PRECIO>

ANIO>1973</ANIO>

</CD>

CD>

TITULO>Maggie May</TITULO>

ARTISTA>Rod Stewart</ARTISTA>

PAIS>UK</PAIS>

DISCOGRAFICA>Pickwick</DISCOGRAFICA>

PRECIO>8.50</PRECIO>

ANIO>1990</ANIO>

</CD>

CD>

TITULO>Romanza</TITULO>

ARTISTA>Andrea Bocelli</ARTISTA>

PAIS>EU</PAIS>

DISCOGRAFICA>Polydor</DISCOGRAFICA>

PRECIO>10.80</PRECIO>

ANIO>1996</ANIO>

</CD>

CD>

TITULO>When a man loves a woman</TITULO>

ARTISTA>Percy Sledge</ARTISTA>

PAIS>USA</PAIS>

DISCOGRAFICA>Atlantic</DISCOGRAFICA>

PRECIO>8.70</PRECIO>

ANIO>1987</ANIO>

</CD>

CD>

TITULO>Black angel</TITULO>

ARTISTA>Savedad Rose</ARTISTA>

PAIS>EU</PAIS>

DISCOGRAFICA>Mega</DISCOGRAFICA>

PRECIO>10.90</PRECIO>

ANIO>1995</ANIO>

</CD>

CD>

TITULO>1999 Grammy Nominees</TITULO>

ARTISTA>Many</ARTISTA>

PAIS>USA</PAIS>

DISCOGRAFICA>Grammy</DISCOGRAFICA>

PRECIO>10.20</PRECIO>

ANIO>1999</ANIO>

</CD>

CD>

TITULO>For the good times</TITULO>

ARTISTA>Kenny Rogers</ARTISTA>

PAIS>UK</PAIS>

DISCOGRAFICA>Mucik Master</DISCOGRAFICA>

PRECIO>8.70</PRECIO>

ANIO>1995</ANIO>

</CD>

CD>

TITULO>Big Willie style</TITULO>

ARTISTA>Will Smith</ARTISTA>

PAIS>USA</PAIS>

DISCOGRAFICA>Columbia</DISCOGRAFICA>

PRECIO>9.90</PRECIO>

ANIO>1997</ANIO>

</CD>

CD>

TITULO>Tupelo Honey</TITULO>

ARTISTA>Van Morrison</ARTISTA>

PAIS>UK</PAIS>

DISCOGRAFICA>Polydor</DISCOGRAFICA>

PRECIO>8.20</PRECIO>

ANIO>1971</ANIO>

</CD>

CD>

TITULO>Soulsville</TITULO>

ARTISTA>Jorn Hoel</ARTISTA>

PAIS>Norway</PAIS>

DISCOGRAFICA>WEA</DISCOGRAFICA>

PRECIO>7.90</PRECIO>

ANIO>1996</ANIO>

</CD>

CD>

TITULO>The very best of</TITULO>

ARTISTA>Cat Stevens</ARTISTA>

PAIS>UK</PAIS>

DISCOGRAFICA>Island</DISCOGRAFICA>

PRECIO>8.90</PRECIO>

ANIO>1990</ANIO>

</CD>

CD>

TITULO>Stop</TITULO>

ARTISTA>Sam Brown</ARTISTA>

PAIS>UK</PAIS>

DISCOGRAFICA>A and M</DISCOGRAFICA>

PRECIO>8.90</PRECIO>

ANIO>1988</ANIO>

```
</CD>

CD>

TITULO>Bridge of Spies</TITULO>

ARTISTA>T'Pau</ARTISTA>

PAIS>UK</PAIS>

DISCOGRAFICA>Siren</DISCOGRAFICA>

PRECIO>7.90</PRECIO>

ANIO>1987</ANIO>

</CD>

CD>

TITULO>Private Dancer</TITULO>

ARTISTA>Tina Turner</ARTISTA>

PAIS>UK</PAIS>

DISCOGRAFICA>Capitol</DISCOGRAFICA>

PRECIO>8.90</PRECIO>
```

ANIO>1983</ANIO>

</CD>

CD>

TITULO>Midt om natten</TITULO>

ARTISTA>Kim Larsen</ARTISTA>

PAIS>EU</PAIS>

DISCOGRAFICA>Medley</DISCOGRAFICA>

PRECIO>7.80</PRECIO>

ANIO>1983</ANIO>

</CD>

CD>

TITULO>Pavarotti Gala Concert</TITULO>

ARTISTA>Luciano Pavarotti</ARTISTA>

PAIS>UK</PAIS>

DISCOGRAFICA>DECCA</DISCOGRAFICA>

PRECIO>9.90</PRECIO>

ANIO>1991</ANIO>

</CD>

CD>

TITULO>The dock of the bay</TITULO>

ARTISTA>Otis Redding</ARTISTA>

PAIS>USA</PAIS>

DISCOGRAFICA>Atlantic</DISCOGRAFICA>

PRECIO>7.90</PRECIO>

ANIO>1987</ANIO>

</CD>

CD>

TITULO>Picture book</TITULO>

ARTISTA>Simply Red</ARTISTA>

PAIS>EU</PAIS>

DISCOGRAFICA>Elektra</DISCOGRAFICA>

PRECIO>7.20</PRECIO>

ANIO>1985</ANIO>

</CD>

CD>

TITULO>Red</TITULO>

ARTISTA>The Communards</ARTISTA>

PAIS>UK</PAIS>

DISCOGRAFICA>London</DISCOGRAFICA>

PRECIO>7.80</PRECIO>

ANIO>1987</ANIO>

</CD>

CD>

TITULO>Unchain my heart</TITULO>

ARTISTA>Joe Cocker</ARTISTA>

PAIS>USA</PAIS>

DISCOGRAFICA>EMI</DISCOGRAFICA>

PRECIO>8.20</PRECIO>

ANIO>1987</ANIO>

</CD>

</CATALOGO>

EL JAVASCRIPT

Este es el código JavaScript en el archivo "selectcd.js":

```
var xmlHttp

function showCD(str)

{

xmlHttp=GetXmlHttpObject()

if (xmlHttp==null)

{
```

```
alert ("Browser does not support HTTP Request")

return

}

var url="getcd.php"

url=url+"?q="+str

url=url+"&sid="+Math.random()

xmlHttp.onreadystatechange=stateChanged

xmlHttp.open("GET",url,true)

xmlHttp.send(null)

}

function stateChanged()

{

if (xmlHttp.readyState==4 || xmlHttp.readyState=="complete")

{

document.getElementById("txtHint").innerHTML=xmlHttp.response
Text
```

```
}

}

function GetXmlHttpObject()

{

var xmlHttp=null;

try

{

// Firefox, Opera 8.0+, Safari

xmlHttp=new XMLHttpRequest();

}

catch (e)

{

// Internet Explorer

try

{
```

```
xmlHttp=new ActiveXObject("Msxml2.XMLHTTP");

}

catch (e)

{

xmlHttp=new ActiveXObject("Microsoft.XMLHTTP");

}

}

return xmlHttp;

}
```

Ejemplo explicado

Las funciones **stateChanged()** y **GetXmlHttpObject** son las mismas que en el último capítulo.

La función showCD()

Si un select es seleccionado, la función ejecutará lo siguiente:

1. Invita a la función GetXmlHttpObject a crear un objeto xmlHttp.
2. Define la URL (nombre del archivo) para enviar al usuario

3. Añade un parámetro (q) a la URL con el índice del campo de entrada
4. Añade una número aleatorio para impedir que el usuario use un archivo cacheado
5. Se llama a la función **stateChanged** cuando se produce un cambio
6. Abre el objeto XMLHTTP con la URL dada.
7. Envía una petición HTTP del usuario

LA PÁGINA PHP

El usuario es llamado mediante el Javascript, que está en un archivo de PHP llamado "getcd.php".

La página está escrita en PHP usando el XML DOM cargando el "cd_CATALOGO.xml" original de XML.

El código ejecuta una consulta en el archivo XML y devuelve el resultado como HTML:

```php
<?php

$q=$_GET["q"];

$xmlDoc = new DOMDocument();

$xmlDoc->load("cd_catalogo.xml");
```

```php
$x=$xmlDoc->getElementsByTagName('ARTISTA');

for ($i=0; $i<=$x->length-1; $i++)

{

//Process only element nodes

if ($x->item($i)->nodeType==1)

{

if ($x->item($i)->childNodes->item(0)->nodeValue == $q)

{

$y=($x->item($i)->parentNode);

}

}

}

$cd=($y->childNodes);

for ($i=0;$i<$cd->length;$i++)

{
```

```php
//Process only element nodes

if ($cd->item($i)->nodeType==1)

{

echo($cd->item($i)->nodeName);

echo(": ");

echo($cd->item($i)->childNodes->item(0)->nodeValue);

echo("<br />");

}

}

?>
```

Ejemplo explicado

Cuando la consulta se envía desde Javascript a la página PHP ocurre lo siguiente:

1. PHP crea un objeto de XML DOM del archivo de "cd_CATALOGO.xml".

2. Todos los elementos del "ARTISTA" (NodeTypes = 1) se enlazan por completo para encontrar el nombre que coincida con el enviado por el JavaScript.
3. El CD que contiene el artista correcto es encontrado.
4. La información del álbum es enviada al placeholder del "txtHint".

EJEMPLO DE AJAX RESPONSEXML

Así como el responseText devuelve la respuesta del HTTP como un string, el responseXML devuelve la respuesta como XML.

La propiedad de ResponseXML devuelve un objeto del original XML, que pueda ser examinado y analizado gramaticalmente usando métodos y propiedades del árbol del nudo de la W3C DOM.

En el siguiente ejemplo de AJAX veremos como una página Web puede buscar la información de una base de datos usando la tecnología de AJAX.

Los datos seleccionados de la base de datos esta vez serán convertidos a un original de XML, y después usaremos el DOM para extraer los valores que se indican.

Ejemplo de AJAX explicado

El ejemplo anterior contiene un formulario HTML, diversos elementos del <span> para recoger los datos devueltos, y un enlace a un Javascript:

```
<html>

<head>

<script src="selectcliente_xml.js"></script>

</head>

<body>

<form action="">

Select a Customer:

<select name="clientes" onchange="showCliente(this.value)">

<option value="MANGA">Manolo García</option>

<option value="NORTE ">Norte/Sur</option>

<option value="GALPO">Galicia Pontevedra</option>

</select>

</form>
```

```
<b><span id="nombreempresa"></span></b><br />

<span id="nombrecontacto"></span><br />

<span id="direccion"></span>

<span id="ciudad"></span><br/>

<span id="pais"></span>

</body>

</html>
```

El ejemplo anterior contiene un formulario HTML con un cuadro desplegable "llamados clientes".

Cuando el usuario selecciona un cliente en el cuadro desplegable, se ejecuta la función "ShowCustomer ()". La ejecución de la función se activa por el evento "onchange". En otras palabras: cada vez que el usuario cambie el valor en el cuadro desplegable, se llamará a la función showCustomer ().

EL AJAX JAVASCRIPT

Este es el código del Javascript almacenado en el archivo "selectcliente_xml.js":

var xmlHttp

```
function showCliente(str)

{

xmlHttp=GetXmlHttpObject();

if (xmlHttp==null)

{

alert ("Tu navegador no soporta AJAX!");

return;

}

var url="getcliente_xml.asp";

url=url+"?q="+str;

url=url+"&sid="+Math.random();

xmlHttp.onreadystatechange=stateChanged;

xmlHttp.open("GET",url,true);

xmlHttp.send(null);

}
```

```
function stateChanged()

{

if (xmlHttp.readyState==4)

{

var xmlDoc=xmlHttp.responseXML.documentElement;

document.getElementById("nombreempresa").innerHTML=

xmlDoc.getElementsByTagName("nombreemp")[0].childNodes[0].nodeValue;

document.getElementById("nombrecontacto").innerHTML=

xmlDoc.getElementsByTagName("nombrecont")[0].childNodes[0].nodeValue;

document.getElementById("direccion").innerHTML=

xmlDoc.getElementsByTagName("direccion")[0].childNodes[0].nodeValue;

document.getElementById("ciudad").innerHTML=

xmlDoc.getElementsByTagName("ciudad")[0].childNodes[0].nodeValue;
```

```javascript
document.getElementById("pais").innerHTML=

xmlDoc.getElementsByTagName("pais")[0].childNodes[0].nodeValu
e;

}}

function GetXmlHttpObject()

{

var xmlHttp=null;

try

{

// Firefox, Opera 8.0+, Safari

xmlHttp=new XMLHttpRequest();

}

catch (e)

{

// Internet Explorer

try
```

```
{

xmlHttp=new ActiveXObject("Msxml2.XMLHTTP");

}

catch (e)

{

xmlHttp=new ActiveXObject("Microsoft.XMLHTTP");

}

}

return xmlHttp;

}
```

Las funciones showCliente() y GetXmlHttpObject() anteriores son lo mismo que en los capítulos anteriores. La función stateChanged() también la usamos anteriormente, sin embargo; esta vez devolvemos el resultado como un original de XML (con responseXML) y usando el DOM para extraer los valores que queremos indicar.

LA PÁGINA DEL USUARIO DE AJAX

La página del usuario se llamará mediante el Javascript, que está en un archivo de ASP llamado "getcliente_xml.asp".

La página está escrita en VBScript para un usuario del Information Internet Server (IIS). Podría ser reescrita fácilmente en PHP, o en otro lenguaje de usuario.

El código ejecuta una consulta SQL en una base de datos y devuelve el resultado como un documento XML:

```
<%

response.expires=-1

response.contenttype="text/xml"

sql="SELECT * FROM CLIENTES "

sql=sql & " WHERE CLIENTEID='" & request.querystring("q") & "'"

on error resume next

set conn=Server.CreateObject("ADODB.Connection")

conn.Provider="Microsoft.Jet.OLEDB.4.0"

conn.Open(Server.Mappath("/db/northwind.mdb"))

set rs=Server.CreateObject("ADODB.recordset")

rs.Open sql, conn

if err <> 0 then
```

```
response.write(err.description)

set rs=nothing

set conn=nothing

else

response.write("<?xml version='1.0' encoding='ISO-8859-1'?>")

response.write("<empresa>")

response.write("<nombreemp>" &rs.fields("nombreempresa")&
"</nombreemp>")

response.write("<nombrecont>" &rs.fields("nombrecontacto")&
"</nombrecont>")

response.write("<direccion>" &rs.fields("direccion")&
"</direccion>")

response.write("<ciudad>" &rs.fields("ciudad")& "</ciudad>")

response.write("<pais>" &rs.fields("pais")& "</pais>")

response.write("</empresa>")

end if

on error goto 0
```

```
%>
```

Observe la segunda línea en el código de ASP anterior: response.contenttype= "text/xml". La propiedad de ContentType ajusta el tipo del HTTP para el objeto de la respuesta. El valor por defecto de esta propiedad es el "text/HTML". Esta vez queremos que el tipo sea XML. Para ello seleccionamos datos de la base de datos, y configuramos un original de XML con los datos.

EJEMPLO DEL RESPONSEXML DE PHP Y DE AJAX

AJAX se puede usar para devolver la información de la base de datos como XML.

En el ejemplo de AJAX siguiente veremos como una página web puede buscar la información de una base de datos de MySQL, y convertirla en un original de XML, y usar la información de exposición en diversos lugares diferentes.

Este ejemplo se parece mucho al "el ejemplo de la base de datos de AJAX PHP" del último capítulo, pero tiene una diferencia grande: En este ejemplo se obtienen los datos de la página PHP como XML usando el responseXML.

Recibir la respuesta como un original de XML permite que podamos actualizar esta página en diversos lugares, en vez de sólo recibir un PHP output y de indicarlo.

En este ejemplo actualizaremos diversos elementos del <span> con la información que recibimos de la base de datos.

Este ejemplo consiste en cuatro elementos:

- Una base de datos de MySQL
- Un Formulario HTML simple
- Un JavaScript
- Una página en PHP

La base de datos

La base de datos que usaremos en este ejemplo será la siguiente:

Id	Nombre	Apellido	Edad	Ciudad	Profesión
1	Peter	Griffin	41	Quahog	Cervecero
2	Lois	Griffin	40	NewPort	Profesora
3	Joseph	Swanson	39	Quahog	Policía
4	Glenn	Quagmire	41	Quahog	Piloto

EL FORMULARIO DEL HTML

El ejemplo anterior contiene un formulario HTML simple y un enlace a un Javascript:

<html>

<head>

```html
<script src="responsexml.js"></script>

</head>

<body>

<form>

Selecciona un Usuario:

<select name="users" onchange="showUser(this.value)">

<option value="1">Peter Griffin</option>

<option value="2">Lois Griffin</option>

<option value="3">Glenn Quagmire</option>

<option value="4">Joseph Swanson</option>

</select>

</form>

<h2><span id="nombre"></span>

 <span id="apellidos"></span></h2>

<span id="profesion"></span>
```

```html
<div style="text-align: right">

<span id="edad_text"></span>

<span id="edad"></span>

<span id="ciudad_text"></span>

<span id="ciudad"></span>

</div>

</body>

</html>
```

Ejemplo explicado - el formulario del HTML

El formulario del HTML es un select de "usuarios" con nombres y con la "identificación" de la base de datos como valores de la opción. Debajo del formulario hay diversos elementos diferentes del <span> que son usados como placeholders para los valores diferentes que nos vienen como retrive. Cuando el usuario selecciona un objeto, se ejecuta la función llamada "**showUser()**". La ejecución de la función es activada por el evento "**onchange**".

En otras palabras: Cada vez que el usuario cambia el valor en el campo select, se llamará a la función **showUser()** y devolverá el resultado en los elementos especificados del <span>.

EL JAVASCRIPT

Este es el código del Javascript almacenado en el archivo "responsexml.js":

```
var xmlHttp

function showUser(str) {

xmlHttp=GetXmlHttpObject()

if (xmlHttp==null){

alert ("Browser does not support HTTP Request")

return

}

var url="responsexml.php"

url=url+"?q="+str

url=url+"&sid="+Math.random()

xmlHttp.onreadystatechange=stateChanged
```

```
xmlHttp.open("GET",url,true)

xmlHttp.send(null)

}

function stateChanged() {

if (xmlHttp.readyState==4 || xmlHttp.readyState=="complete") {

xmlDoc=xmlHttp.responseXML;

document.getElementById("nombre").innerHTML=

xmlDoc.getElementsByTagName("nombre")[0].childNodes[0].node
Value;

document.getElementById("apellidos").innerHTML=

xmlDoc.getElementsByTagName("apellidos")[0].childNodes[0].node
Value;

document.getElementById("profesion").innerHTML=

xmlDoc.getElementsByTagName("profesion")[0].childNodes[0].nod
eValue;

document.getElementById("edad_text").innerHTML="Edad: ";

document.getElementById("edad").innerHTML=
```

```javascript
xmlDoc.getElementsByTagName("edad")[0].childNodes[0].nodeVal
ue;

document.getElementById("ciudad_text").innerHTML="<br/>From:
";

document.getElementById("ciudad").innerHTML=

xmlDoc.getElementsByTagName("ciudad")[0].childNodes[0].nodeV
alue;

}

}

function GetXmlHttpObject() {

var objXMLHttp=null

if (window.XMLHttpRequest) {

objXMLHttp=new XMLHttpRequest()

} else if (window.ActiveXObject) {

objXMLHttp=new ActiveXObject("Microsoft.XMLHTTP")

}

return objXMLHttp
```

}

Explicación del ejemplo

Las funciones **showUser()** y GetXmlHttpObject son lo mismo que en el capítulo de la base de datos de AJAX de PHP.

La función stateChanged()

Si se selecciona un artículo en el select, la función ejecutará lo siguiente:

1. Define la variable del "xmlDoc" como un original del xml usando la función del responseXML
2. Recupera los datos de los originales del xml y los coloca en los elementos correctos del <span>

LA PÁGINA DE PHP

La página del usuario se llamará mediante el Javascript, que está en un archivo simple PHP llamado "responsexml.php".

La página es escrita en PHP y usa una base de datos de MySQL.

El código ejecuta una consulta SQL en una base de datos y devuelve el resultado como un documento XML:

<?php

header('Content-Type: text/xml');

```php
header("Cache-Control: no-cache, must-revalidate");

//A date in the past

header("Expires: Mon, 2 Jun 1996 04:00:00 GMT");

$q=$_GET["q"];

$con = mysql_connect('localhost', 'usuarioAdmin', 'Pass123');

if (!$con)

{

die('Could not connect: ' . mysql_error());

}

mysql_select_db("ajax_demo", $con);

$sql="SELECT * FROM user WHERE id = ".$q."";

$result = mysql_query($sql);

echo '<?xml version="1.0" encoding="ISO-8859-1"?>

<person>';

while($row = mysql_fetch_array($result))
```

```php
{
echo "<nombre>" . $row['Nombre'] . "</nombre>";

echo "<apellidos>" . $row['Apellidos'] . "</apellidos>";

echo "<edad>" . $row['Edad'] . "</edad>";

echo "<ciudad>" . $row['Ciudad'] . "</ciudad>";

echo "<profesion>" . $row['Profesion'] . "</profesion>";

}

echo "</person>";

mysql_close($con);

?>
```

Explicación del ejemplo

Cuando la consulta es enviada por el Javascript a la página de PHP sucede lo siguiente:

1   El índice-tipo del original de PHP es ajustado para ser "text/xml"

2   El original de PHP es ajustado al "ningún-escondite" para impedir ser cacheado

3   La variable de $q es ajustada para ser los datos enviados del HTML page

4   PHP abre una conexión a un usuario de MySQL

5   El "usuario" con la identificación especificada es encontrado

6   Los datos son devueltos como un original del xml

AJAX AppML

AppML es una iniciativa abierta de la fuente de W3Schools. AppML usa la tecnología AJAX.

¿Que es AppML?

AppML es **App**lication **M**arkup **L**anguage

AppML usa XML para describir aplicaciones de Internet

Las aplicaciones de AppML son self-describing

AppML es un lenguaje declarativa

AppML es una plataforma independiente

AppML usa la tecnología AJAX.

AppML es una iniciativa open source(código abierto) de la W3Schools

AppML es un lenguaje declarativa

AppML no es un lenguaje de programación, es un lenguaje declarativo, usado para describir aplicaciones.

Con el AppML puede crear aplicaciones para Internet sin programar. Las aplicaciones tradicionales son escritas en un lenguaje de programación y compiladas, con estructuras de datos y funciones predefinidas. AppML permite que el desarrollador redefina datos y la funciones cuando la aplicación funciona.

Desde que las aplicaciones de AppML son escritas en XML, las aplicaciones de AppML son self-describing.

AppML es independiente del Navegador

Como AppML usa solamente estándares de Internet como HTML (XHTML), CSS, XML, y Javascript, AppML funcionará en todos los navegadores.

AppML usa la tecnología AJAX

AppML usa la tecnología AJAX. Una comunicación en Internet entre la web cliente y el servidor web es realizada con los peticiones del HTTP.

Referencias Bibliográficas

Para la realización de este libro se han consultado, leido, traducido, contrastado e interpretado información de las siguientes fuentes de información:

La página Web de Mozilla Firefox Developer

Los artículos "Ajax e PHP", "Iniciando no Ajax" de Rafael Holms publicados en presstacao.wordpress.com.

Los artículos "jQuery, primeiros passos", "jquery, escriva pouco faga máis", "Ajax e JSON com jQuery e PHP" y "Popular um Select com jQuery + Ajax + JSON" publicados en la Web blogalizado.com.br.

La jQuery API Documentation.

ACERCA DEL AUTOR

Ángel Arias es un consultor experimentado en el área informática. Con 13 años de experiencia en el sector, a sus 33 años ha ocupado puestos tales como consultor de software ERP, administrador de sistemas de una importante multinacional de automoción, responsable en el desarrollo web y publicidad en una empresa de formación elearning y actualmente consultor tecnológico para empresas y e-docente en el área de desarrollo web y publicidad y marketing online.

Desde el año 2009 Ángel Arias después de haber publicado varios cursos de informática y haber creado varios cursos sobre tecnología en formato digital para plataformas elearning, Andrés, comienza su andadura en el mundo editorial, con la esperanza de llevar el conocimiento y la formación sobre las nuevas tecnologías al mayor público posible.